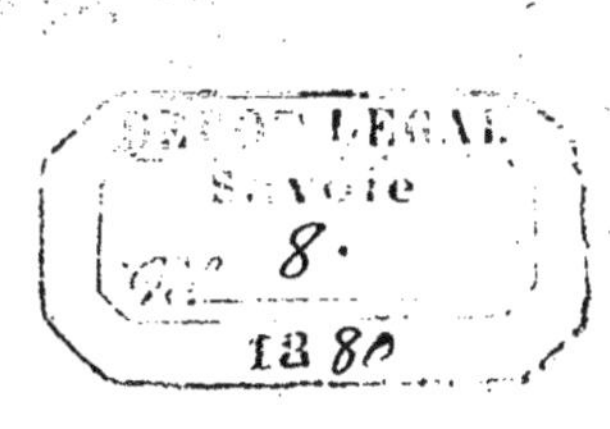

Turinaz Mgr.

Paroles prononcées aux funérailles de Mr le comte Greyfie de Bellecombe

PAROLES

PRONONCÉES AUX FUNÉRAILLES

DE

M. LE COMTE GREYFIÉ DE BELLECOMBE

PRÉSIDENT DE CHAMBRE A LA COUR D'APPEL DE CHAMBÉRY

Par Mgr TURINAZ, évêque de Tarentaise,

Dans l'église de Brides-les-Bains.

Je ne puis achever cette cérémonie funèbre et répandre les dernières prières de l'Église sur ce cercueil qui bientôt va disparaître à nos regards, sans payer à celui que nous pleurons et que vous honorez par une manifestation si touchante, le tribut de notre vive affection et de notre profonde douleur.

Quelque imparfaites qu'elles puissent vous paraître, mes paroles seront, si je ne me trompe, une consolation pour vos cœurs comme pour le mien, un hommage rendu au nom de ce pays tout entier, une preuve de la reconnaissance de l'Église pour un de ses grands serviteurs, un témoignage de haute estime et de respectueuse sympathie, adressé à la magistrature française dans un de ses plus nobles représentants.

Le comte Greyfié était un savant jurisconsulte, un magistrat éminent.

Dès sa jeunesse et jusqu'à son dernier jour, il fut un travailleur infatigable. A la fin de sa vie, il préparait ses audiences et ses jugements avec l'activité et le zèle de ses premiers débuts : sa science du droit était vaste et profonde, son érudition surtout était exceptionnelle ; dès son entrée dans la magistrature, sa réputation fut faite et elle ne put que grandir. Il y a tel rapport sur les questions les plus élevées et les plus délicates de la jurisprudence, rapport demandé par le ministre de la justice et rédigé par le comte Greyfié, au nom de la Cour d'appel de Chambéry, qui a ravi l'admiration de ses collègues et qui restera comme un monument de science, d'érudition et de haute sagesse.

Appelé à la fleur de son âge dans les rangs du Sénat de Savoie, il fut nommé conseiller à la Cour de Gênes après les événements politiques de 1848 ; mais il n'accepta pas ce changement qu'il considérait comme une disgrâce. Il se fit inscrire au barreau de Chambéry, et les lois spoliatrices du gouvernement sarde trouvèrent dans le savant avocat un adversaire habile, éloquent et redoutable. Plus d'une fois, une victoire inespérée couronna ses efforts, et la croix de commandeur de l'Ordre de Saint-Grégoire, que lui envoya Pie IX, fut la récompense de son dévoûment à la grande cause catholique. Il rentra plus tard dans la magistrature et à la Cour même de Chambéry.

Le comte Greyfié ne fut pas seulement un des plus nobles représentants de la magistrature française par sa science du droit, il le fut encore par cette fière indépendance, qui est la source première de l'autorité et de la

grandeur du magistrat. On aurait pu croire, — je le dis
sans contester les mérites de personne et sans vouloir faire
entendre ici des récriminations indignes de mon cœur, de
mon ministère et de ce grand homme de bien, je le dis
parce que c'est l'expression exacte de la vérité, — on aurait
pu croire que le comte Greyfié serait appelé au poste le
plus élevé de la magistrature dans ce ressort. C'était le
vœu de la Savoie ; c'eût été la digne récompense de longs
travaux, du savoir et du patriotisme. Mais il eût fallu, dans
certaines circonstances favorables, faire une démarche, ex-
primer un désir, et cette âme libre et fière n'y consentit jamais. Si les faveurs du pouvoir et les dignités allaient à
d'autres, il ne s'en plaignait pas : l'envie n'arrivait pas
jusqu'à son cœur, et son indépendance fut toujours sans
tristesse et sans amertume.

Le comte Greyfié unissait à la science du droit les con-
naissances les plus variées : il étudiait la littérature, l'histoire, l'agriculture et les sciences naturelles ; le jour même
de sa mort, il avait parlé longtemps à son fils aîné de quelques nouvelles découvertes scientifiques. L'Académie des
arts et belles-lettres de Savoie, qui l'élut plusieurs fois
comme président, conservera le souvenir de ses discours
de réception et de ses rapports lumineux sur les concours
d'histoire, de poésie. Le style du comte Greyfié était con-
cis et énergique, noble dans sa simplicité et d'une correc-
tion parfaite. On y reconnaît le reflet de son âme et comme
l'empreinte de son caractère.

Ce savant magistrat était un grand patriote : il trouvait,
dans les traditions de sa famille, cet héritage du patriotisme.

Il fut un des négociateurs des plus actifs et des plus zé-
lés de l'annexion de la Savoie à la France, et il présida la

Commission qui alla, à cette époque, porter au gouvernement français l'expression des sentiments et des vœux de notre pays.

Appelé par la confiance de ses concitoyens à la Chambre des députés, il renonça bientôt à son mandat. La vie de Paris, les agitations et les luttes de la politique, ne pouvaient convenir à ce travailleur qui recherchait la solitude et le silence, et à ce Savoisien qui ne pouvait vivre loin de ses montagnes.

Il aimait la Savoie ; il aimait plus encore, il aimait d'un amour à part, d'un amour ardent, j'allais dire enthousiaste, sa petite et vieille province de Tarentaise. Combien de fois entre deux audiences, le grave président s'échappait comme un écolier, et, malgré les rigueurs de la saison, malgré le poids des ans et les épreuves d'une santé déjà ébranlée, voyageait deux nuits de suite pour venir passer quelques heures dans cette retraite de Brides-les-Bains.

C'est ici qu'il jouissait de ses vacances jusqu'à leurs derniers instants, toujours heureux de se retrouver dans cette gracieuse vallée, au pied de ces belles montagnes, et au milieu de tant de chers souvenirs. C'est ici que la Providence, obéissant sans doute aux secrets désirs de son cœur, le ramenait, il y a quelques jours, pour y mourir ; et il me semble que la terre qui va recouvrir sa dépouille mortelle, cette terre tant aimée, lui sera plus légère.

Je n'ai pas tout dit : ce grand magistrat et ce grand patriote était un fidèle et vaillant chrétien.

L'étude et l'expérience, les événements et les épreuves avaient fortifié les croyances de ses premières années. Ses croyances augustes furent la lumière, la force et la consolation de sa vie, son espoir à sa dernière heure. Chaque soir, le comte Greyfié présidait à la prière qui réunissait autour de lui sa famille et ses serviteurs. Aux grandes fêtes de l'année et à l'époque de douloureux anniversaires, il s'approchait du tribunal de la pénitence et de la sainte Table. Partout et toujours, sans souci des jugements des hommes, il affirmait sa foi, et il accomplissait simplement, sans ostentation et sans faiblesse, tous les devoirs du christianisme.

Sous des formes qui paraissent au premier regard austères et froides, malgré ce sourire qu'on eût cru railleur, il y avait dans le cœur de ce chrétien sincère des trésors de bonté, et aux traditions d'une politesse qui ne se démentait jamais, il savait unir les délicatesses de la charité. Il ne permettait pas qu'on touchât devant lui à la réputation du prochain, et les hommes que les malheureuses divisions politiques de notre temps éloignaient de lui, avaient le même droit que tous à la protection de sa bienveillance.

Depuis quelques années, le comte Greyfié avaient été cruellement atteint dans ses plus tendres affections : la mort lui avait ravi en quelques jours une fille chérie. Bientôt Mᵐᵉ Greyfié, inconsolable d'une telle perte, suivait son enfant dans la tombe, laissant après elle le souvenir de ses qualités simples et aimables, le souvenir d'une vie pieuse et d'une sainte mort.

Les natures comme celle du comte Greyfié, les natures affectueuses, mais peu expansives, et qui refoulent dans le silence leurs regrets et leurs larmes, ne peuvent porter longtemps le fardeau de telles douleurs. Souvent en parlant du passé, la voix du comte Greyfié tremblait d'émotion et des larmes montaient jusqu'à ces yeux. Aux anciens amis qui venaient le visiter, il disait : « Vous ne retrouverez plus la maison d'autrefois ; le bonheur et la gaîté se sont envolés. »

La maladie dont il souffrait depuis quelque temps était

grave et douloureuse ; mais sa volonté de fer en bravait les étreintes, et on ne soupçonnait pas que la mort fût si près de le frapper. Saisi, vers le milieu de la nuit, par une crise soudaine et terrible, il vit ses fils à genoux auprès de lui, sans pouvoir leur adresser un dernier conseil et leur donner une dernière bénédiction. Il reçut cependant les derniers sacrements de l'Église ; il baisa plusieurs fois le crucifix avec confiance et amour, son âme alla rejoindre ceux qu'il avait aimés et qu'il avait pleurés, ceux qui l'avaient précédé dans le repos, la paix et la gloire de la vraie patrie.

Il laisse à ses deux fils une mémoire honorée et de nobles exemples ; à la magistrature et à son pays, des souvenirs que le temps n'effacera pas, et à nous tous, le grand enseignement de sa vie et de sa mort.

Et maintenant, à cette heure douloureuse de la séparation, au milieu de ces ombres et de ces chants des funérailles, je veux faire entendre sur cette tombe une parole divine, la parole des consolations célestes et des immortelles espérances : « *Bienheureux ceux qui ont faim et soif de la justice, parce qu'ils seront rassasiés : Beati qui esuriunt et sitiunt justitiam, quoniam ipsi saturabuntur* [1]. »

La faim, la soif de la justice, l'amour inviolable et sacré de cette vertu, n'est-ce pas, dites-moi, le fond de cette âme, le résumé admirable de la vie du savant magistrat, du grand citoyen et du chrétien généreux ?

Bienheureux ceux qui ont faim et soif de la justice, parce que au-dessus de la justice, toujours imparfaite et impuissante de la terre, et, au-dessus des appréciations souvent iniques des hommes, il y a la justice infaillible et éternelle.

---

[1] Mat., 5, v. 6.

Ah ! qu'il soit rassasié, Seigneur, dans les apparitions de votre gloire, celui qui a regardé de si haut la gloire terrestre et périssable ! *Satiabor quum apparuerit gloria tua* [1] !

Qu'il soit rassasié des splendeurs de la vision, ce juste qui vivait de la foi [2], ce chrétien fidèle, qui cherchait dans les dogmes catholiques, dans les révélations de l'histoire et dans les affirmations de la science, les reflets de votre beauté, les dons de votre cœur et les preuves de votre toute-puissance ; qu'il aille de clarté en clarté dans cette lumière où il vous verra, vous qui êtes la lumière : *In lumine tuo videbimus lumen* [3].

Qu'il soit rassasié dans les ravissements de cette union, qui ne connaît pas les séparations et les regrets ! Que les torrents de votre félicité et les flots intarissables de votre vie remplissent son cœur dans les siècles sans fin : *Torrenti voluptatis tuæ potabis eos, quoniam apud te est fons vitæ* [4].

Redisons donc, comme une douce consolation, comme une leçon sublime et comme un suprême adieu, redisons une fois encore : *Bienheureux ceux qui ont faim et soif de la justice, car ils seront rassasiés : Beati qui esuriunt et sitiunt justitiam, quoniam ipsi saturabuntur.* »

[1] Ps. 16, v. 15.
[2] Ad Rom. 1, 17.
[3] Ps. 35, v. 10.
[4] Ps. 55, v. 3 et 10.

4029. — Chambéry, imprimerie Chatelain, 4, avenue du Champ-de-Mars.

www.ingramcontent.com/pod-product-compliance
Lightning Source LLC
LaVergne TN
LVHW021818060726
842528LV00004B/1410